Le
Droit de la Force

et la

Force du Droit

PAR

Jacques FLACH

Membre de l'Institut
Professeur au Collège de France

~~~~~~

LIBRAIRIE
DE LA SOCIÉTÉ DU

RECUEIL SIREY
Anne Mson LAROSE ET FORCEL
LÉON TENIN, Directeur
22, Rue Soufflot, PARIS, 5e

—

1915

Le

Droit de la Force

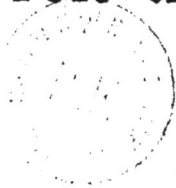

et la

Force du Droit

IMPRIMERIE
CONTANT-LAGUERRE

BAR-LE-DUC

Le
Droit de la Force

et la

Force du Droit

PAR

Jacques FLACH

Membre de l'Institut
Professeur au Collège de France

—⁓⁓⁓—

LIBRAIRIE
DE LA SOCIÉTÉ DU
RECUEIL SIREY

Aᵙⁿᵉ Mᶦᵒⁿ LAROSE ET FORCEL
LÉON TENIN, Directeur
22, Rue Soufflot, PARIS, 5ᵉ
--
1915

AUX NEUTRES

Chacun devrait savoir ceci :

Ce n'est pas une lutte politique que l'Allemagne a engagée, c'est une lutte de race dans laquelle le plus fort doit extirper le plus faible.

Ce n'est pas une lutte de civilisation que le germanisme poursuit contre le latinisme ou l'hellénisme dans l'intérêt de l'humanité, c'est la subversion de la civilisation antique pour asseoir sur ses ruines le despotisme sans frein de la race supérieure, de la race élue.

Ce n'est pas une lutte de croyance, comme au temps de la Réforme, que l'Allemagne a entreprise au sein du Christianisme pour en réaliser le plus parfait idéal, c'est la subordination, l'assujettisse-

1

ment de la Foi chrétienne à la doctrine de l'État divinisé.

L'humanité est placée devant deux horizons : le règne de la force égoïste et brutale fondé sur l'orgueil de race et asservissant le monde, ou le règne de la justice reposant sur la double assise de l'amour de Dieu et de l'amour des hommes et assurant à chaque peuple le libre épanouissement de sa conscience et de sa vie nationale.

Juillet 1915.

I

LA DÉVIATION DE LA JUSTICE
EN ALLEMAGNE

LA FORCE ET LE DROIT [1]

... prosperum ac felix scelus
Virtus vocatur; sontibus parent boni.
Jus est in urmis, opprimit leges timor.
(Sènèque, Hercules furens).

Quand la Fédération protestante m'a fait l'honneur de me demander mon concours pour parler devant vous aujourd'hui, j'ai mesuré toute la difficulté de la tâche, toute l'étendue et la complexité du sujet dont je devais vous entretenir. Et pourtant j'ai accepté sans hésitation aucune. Je vous supplie de croire que ce ne fut ni par présomp-

---

(1) Conférence faite le 19 mars 1915, en l'Église de l'Étoile.

tion ni par amour-propre. La présomption est la négation même de la science, à qui j'ai consacré ma vie. Quant à l'amour-propre, si flatteur qu'il soit de prendre la parole devant une assemblée d'élite, ce sentiment me paraît hors de saison, dans les heures tragiques que nous vivons.

Tous, n'est-ce pas, nous en avons conscience? L'humilité seule nous convient, l'humilité et l'action : l'humilité devant l'héroïsme de nos soldats, l'action pour nous en rendre dignes, l'effort de chacun dans sa sphère, d'apporter sa contribution, son obole, à ce trésor des forces morales qui sont l'honneur de notre pays et le gage le plus assuré de la décisive victoire.

Comment donc aurais-je hésité à venir vous entretenir de la justice, alors que ces forces morales, c'est la foi en la justice qui les alimente et les avive?

I

Les Allemands ont tiré de l'histoire la preuve que toutes les grandes transformations qui se sont accomplies dans le monde ont été opérées par la *force*. Ils ont eu raison, mais ils ont eu tort aussi de s'arrêter là. Ils auraient dû se demander deux choses : la première, si la force matérielle, quand elle l'a emporté d'une façon durable, n'était pas doublée d'une supériorité *morale* telle que le monde l'a entendue jusqu'ici sous le nom de justice, et la seconde si le triomphe d'une nation a pu se maintenir quand, dans un usage abusif de la force, la supériorité morale a sombré.

Ils auraient compris alors, par l'expérience même de l'histoire, ce qu'ont de précaire les victoires dont ils se prévalent pour revendiquer l'hégémonie du monde; ils auraient pu se convaincre, si la passion ne les égarait plus, que le rôle prééminent qu'à travers tant de siècles la France a joué en Europe et qui a été, qui est encore, pour l'Allemagne une source si amère d'envie, de rancune et de haine, la France l'a dû à son sentiment de la justice et de l'honneur.

Quel parallèle glorieux pour nous à tracer entre l'histoire de notre pays, et celle des pays allemands! Je l'ai esquissé ailleurs, — dans mon cours du Collège de France — je ne puis que le rappeler

ici, mais je veux vous citer le témoignage d'un des
écrivains du xixᵉ siècle qui ont pénétré le plus profondément dans l'âme des peuples, Edgar Quinet.

Voici d'abord ce qu'il dit de la France :

Amour de la justice (France).

« Ni l'industrie, ni la science, ni la liberté, ni l'art,
ni la religion ne donnent la supériorité à la France...
Quel est donc le principe qui lui appartient en
propre et n'appartient à personne autant qu'à elle ?
— Ce mobile est l'instinct de la civilisation. Le
culte du droit dans les affaires humaines est pour
la France ce qu'est pour l'Italie le sentiment de
l'art.... Ce *zèle de la justice* donne un sens à son
histoire et une *âme au pays*. — Cette force de civilisation, c'est la meilleure partie d'elle-même ;
c'est son art, c'est son génie, c'est son bonheur,
c'est sa science, c'est sa morale, c'est sa foi ! » [1].

Eh bien ! ce principe, qu'en a fait l'Allemagne,
le jour où elle aurait pu en recueillir l'héritage,

---

[1] Quinet, *De l'Allemagne et de la Révolution*, 1831,
Œuvres complètes, t. VI, p. 137-8.

quand il sembla devenu vacant par la chute de l'empire de Napoléon 1er? Écoutez la réponse :

Force (Allemagne).

« Il se produit un des phénomènes les plus étranges du monde civil. *Le principe de la civilisation moderne* venait d'être vaincu en France (1815); qui n'eût pensé que les vainqueurs allaient s'en emparer? ils l'essayèrent, en effet; mais il se trouva pour eux une *impossibilité merveilleuse,* une *impuissance magique* à tirer un profit moral de leur victoire. *La force hérita de la force;* mais de la ruine du principe les peuples étrangers ne purent tirer pour eux aucun résultat qui ne s'évanouît entre leurs mains.

» Pendant quinze ans (1815-30) la place de la France reste vide, la *couronne de la civilisation moderne* traîne avec elle dans la boue.... Et après cet interrègne, il se trouve que tant que la France a manqué au monde politique, ses maîtres n'y ont pu avancer d'un pas... » [1].

_____

(1) Quinet, *Œuvres,* t. VI, p. 147.

Combien cela est-il plus vrai encore de l'Allemagne née de nos défaites de 1870! Non seulement elle n'a pas avancé d'un pas dans le chemin de la justice, mais elle n'a fait qu'y reculer chaque jour un peu plus; puisqu'elle a prétendu, avec un cynisme croissant, faire de *la force* son *principe civilisateur*.

On a pu remarquer que tout progrès, toute marche apparente en avant est en Allemagne un retour vers le passé, parfois le passé le plus lointain. Nulle part cela ne se vérifie mieux qu'ici.

La théorie que la force est au-dessus de la justice est aussi vieille que le monde, tout de même que la *volonté de puissance* est de milliers d'années antérieure à Nietzsche. A Athènes déjà, des sophistes en renom soutenaient avec succès que la *justice est ce qui est avantageux au plus fort* [1], et voici comment ils prétendaient le démontrer. « La justice est une pure convention à laquelle les hommes se sont arrêtés dans un intérêt com-

---

(1) Trasymaque dans la *République* de Platon, livre I. — Kalliklès dans le *Gorgias*.

mun. Ils ont fait une cote mal taillée entre le plus
grand bien, qui consiste à pouvoir être injuste
impunément, et le plus grand mal qui consiste à
ne pouvoir se venger de l'injustice qu'on a souf-
ferte. On s'est donc attaché à la justice non qu'elle
soit un bien en elle-même, mais parce que l'impuissance où l'on est de nuire aux autres la fait
regarder comme telle. Car celui qui peut être
injuste, *et qui est vraiment homme,* n'a garde de
s'assujettir à une pareille convention: ce serait
folie de sa part ».

Voilà déjà, en son plein, le droit de la force.
Quant à la *volonté de puissance,* les sophistes
grecs y voyaient dès lors la poursuite du souverain bien, — qui est de « dominer, de décider du
juste et de l'injuste selon son intérêt ». C'est cela
qui constitue à leurs yeux, le *beau et le juste dans
l'ordre de la nature :* « Pour mener une vie heureuse, disent-ils, il faut être en état de satisfaire
toutes *ses passions* par *son courage et son habileté,*
et remplir chaque désir à mesure qu'il naît ».

Les Allemands n'ont donc rien inventé; ils ont,
selon leur habitude, pris de toutes mains ce qui
leur paraissait propre à légitimer leurs convoi-

tises, ne se faisant aucun scrupule de jeter par-
dessus bord la civilisation, qu'ils se targuent de
remplacer, et les enseignements de la religion
qu'ils s'attribuent la gloire d'avoir réformée.

Leur science de termite a fouillé dans toutes
les philosophies pour en extraire des argu-
ments ou des formules, et je me demande si
l'étude des peuples sauvages, des *Naturvœlker*, à
laquelle leur soif de colonisation les a poussés
depuis trente ans, n'a pas eu sa bonne part dans la
doctrine de la lutte pour la vie [1], et dans l'in-
tronisation du culte fétichiste de la force, qui les
ramenait vers l'état de la nature.

Faut-il vous rappeler ces vers de Boileau [2] :

Avant que la raison, s'expliquant par la voix,
Eût instruit les humains, eût enseigné les lois,
Tous les hommes suivaient la grossière nature,
Dispersés dans les bois, couraient à la pâture.
La force tenait lieu de droit et d'équité.

---

(1) Voyez *infrà* l'étude sur la *théorie scientifique du droit
de la force.*
(2) *Art poétique*, IV.

Mon confrère et ami Camille Jullian s'est demandé, avec sa rare compétence de la préhistoire, si la théorie de la force peut venir d'un passé autre que celui où l'homme ne valait pas plus que la bête, et si une telle époque a même jamais existé, fût-ce aux temps quaternaires [1]. — Les Allemands auraient donc rétrogradé au delà de l'époque sauvage.

En réalité, c'est la nature tudesque, restée au fond rude, brutale et grossière, qui se survit et qui, mettant à profit les progrès matériels de la science, s'est transformée en « barbarie savante », prétendument « scientifique », disons cyniquement voulue, dont l'immortelle devise de Bismarck *La force prime le droit* est devenue la formule classique.

---

[1] *Les éléments du passé dans la guerre actuelle*, Paris, 1915, p. 27-28.

II·

Il m'a toujours paru étrange que Bismarck ait renié la paternité de cette maxime, alors que tous ses actes en étaient la mise en pratique. Ne serait-ce pas un inconscient aveu de la justice éternelle qu'il a si outrageusement foulée aux pieds?

A y regarder de près, Bismarck aurait pu citer ses auteurs responsables, et cela est instructif pour nous, mais il a jugé plus prudent de nier.

Vous connaissez l'incident : Il s'est passé en octobre 1862, au parlement prussien, au moment où Bismarck venait d'être inopinément appelé au pouvoir et avait prononcé un discours plein d'insolence pour la majorité. Le comte Schwerin lui répondit : « Votre discours repose tout entier sur le principe *La force prime le droit, Macht geht über Recht*, ou bien *vor Recht* ». Bismarck s'en défendit en ces termes : « Je ne me souviens pas d'avoir réellement employé cette expression. Malgré vos marques d'incrédulité, j'en appelle à votre mémoire ». Prononcé ou non, le mot s'est incarné dans le chancelier de fer — et à bon droit — mais ce n'était qu'une réincarnation de l'esprit teuton.

Il n'en est pas de meilleures preuves que les proverbes, qui sont l'émanation directe du sentiment populaire.

Nulle part, le contraste avec la France n'éclate avec plus de clarté. En France, la parole qui retentit à travers tout le moyen âge et que les temps modernes recueillent pieusement, la voici :

Force n'est pas droit, souvent l'ai ouï dire;
Force n'est pas raison mais orgueil et démesure;
Dieu et droit à un se tiennent.

En Allemagne, l'écho répond :

L'injustice est aussi un droit.
Unrecht ist auch Recht.

Et surtout :

Gewalt geht vor Recht[1].
La force prime le droit.

_____

[1] Vis et potentia prævalet juri.

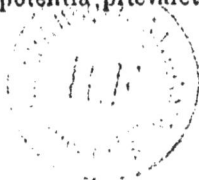

C'est exactement la devise de Bismarck, tirée,
vous le voyez, du fond même de l'âme allemande et
que Gœthe, dans le second Faust, traduisait ainsi :

> Il a la force qui a le droit.
> *Man hat Gewalt, so hat man Recht* (1).

Voulez-vous savoir à quel point cette maxime
était endémique en Allemagne, écoutez ce qu'en
dit un jurisconsulte allemand du xviiie siècle,
Pistorius, qui lui a donné une place d'élite dans
son recueil de proverbes juridiques :

« La règle *Gewalt geht vor Recht* jouit de la
plus grande faveur chez nous autres Allemands,
car avec les faibles on s'arroge tous les droits.

---

(1) Méphistophélès en déduisait logiquement :

> Le but seul importe, les moyens point.
> *Man fragt ums Was? und nicht ums Wie?*

C'est pourquoi :

> Guerre, commerce et piraterie
> Sont une trinité inséparable.
> *Krieg, Handel und Piraterie*
> *Dreieinig sind sie, nicht zu trennen.*

C'est un autre dicton : *Celui qui est le plus fort met l'autre dans le sac* ».

La multiplicité des formes que la maxime a revêtues prouve qu'elle est en harmonie parfaite avec le sentiment national. En voici une des plus pittoresques : « Une main pleine de force vaut mieux qu'un sac plein de droit » (*Eine Hand voll Gewalt ist besser als ein Sack voll Recht*).

Cette sentence, Bismarck l'a, par ses actes et par leur succès, érigée en axiome. C'était à vrai dire le seul moyen de la prouver.

Dans la belle et profonde conférence qu'il vient de donner à Londres, à l'Académie britannique, mon cher et illustre confrère, M. Boutroux, a fait l'observation sagace : « Une certitude qui n'admet d'autre mesure de la valeur que la force, est, par définition, hors des atteintes de la raison. Elle pourrait prendre pour devise le célèbre vers de La Fontaine :

La raison du plus fort est toujours la meilleure.

Comment réfuter un homme qui déclare :

Je ne crois qu'à la force, et je suis le plus fort » ?

Et pourtant — nouvel hommage rendu indirectement à la justice — les Allemands ont
éprouvé le besoin de tenter cette preuve théorique
que M. Boutroux juge impossible. Il n'est pas
difficile de voir ce qui les tient.

III

Depuis Frédéric II jusqu'à Bismarck et Guil-
laume II, l'effort tenace des contempteurs de la
justice, des adorateurs de la force et de la ruse,
a été de chercher dans l'opinion publique, maniée,
triturée, sophistiquée une de leurs armes les plus
puissantes.

La parole de François Quesnay, le contemporain de Frédéric II, n'était pas tombée dans
l'oreille d'un sourd. Vous pouvez la connaître :
mon cher maître, M. Laboulaye, l'a rappelée
maintes fois. Dans une conversation devant
Mme de Pompadour, un seigneur de la Cour de
Louis XV avait dit : « C'est la hallebarde (donc

la force) qui mène les hommes... » — « Et qu'est-ce
qui mène la hallebarde? demanda Quesnay » —
puis, ne recevant pas de réponse — « C'est l'opinion, Monsieur, c'est donc d'abord de l'opinion
qu'il faut s'occuper ».

Frédéric II déjà s'occupa si bien de l'opinion
pour jeter le voile sur ses pires iniquités, qu'il fit
couronner par son académie des sciences des
mémoires qui prouvaient qu'il était légitime de
tromper le peuple [1]. — Que je le dise en passant,
ce fut certainement ce souci de compter avec l'opinion, de l'exploiter en la jouant, qui fut la cause
indirecte de la réputation de justice que la légende
a mise à son actif. — Légende, c'est bien le mot.

Et ce qui me désespère, c'est qu'elle soit due
pour une large part, à un Français, à un Alsacien, à un Strasbourgeois.

Je ne crois pas sortir de mon sujet en m'y
arrêtant un instant. Vous devinez à quoi je fais
allusion, au conte d'Andrieux : *Le meunier Sans*

---

[1] Voyez mon *Essai sur la formation de l'esprit public
allemand*, p. 46.

souci, et à ce vers qui a eu une si singulière fortune :

> Vous? de prendre mon moulin,
> Oui, si nous n'avions pas de juges à Berlin.

A quoi Frédéric II aurait répondu :

Voisin, garde ton bien, *j'aime fort ta réplique.*

Or c'est là une simple invention d'un Français
ingénieux et amoureux de la justice, qui, trompé
par l'amitié de Voltaire pour le *roi philosophe*, a
prêté au souverain prussien ses propres senti-
ments, et cru se mettre suffisamment en règle
avec la vérité historique par son vers final :

On respecte un moulin, on vole une province.

Frédéric II a été plus conséquent dans ses actes
qu'Andrieux l'imagine. Ce n'est pas par égard
pour les juges de Berlin et par souci de leur bon
renom qu'il n'a pas fait violence à son voisin. Il
suffit pour s'en convaincre de se reporter à la
relation contemporaine où Andrieux a puisé son
anecdote. Elle ne souffle mot de la fameuse

réplique. Si Frédéric II a respecté le moulin —
qui ne s'appelait, du reste, nullement *Sans souci*
— c'est que cela s'accordait avec ses plans, tout
en lui permettant de se donner un beau rôle aux
yeux de l'opinion du monde.

Voici, en effet, une autre anecdote qui met
la première au point. Notre compatriote Dutens
rapporte en ces termes une conversation de Frédéric II avec le comte Hoditz :

« Vous voyez ce terrain, dit le roi, il était dans
mes jardins, mais *pour en rendre la forme plus
régulière...* j'ai donné à mon voisin tout ce qui
s'est trouvé hors de la ligne droite; j'ai fait un
chemin qui mène à sa maison, et qui ne lui a rien
coûté, et je m'en vais lui bâtir un mur à mes
dépens. — Ah! sire, dit le comte, je vois bien
qu'il fait bon être votre voisin... en petit ».

Vous pouvez juger par là de ce que vaut
l'invention d'Andrieux. Elle fait plus d'honneur
à son ingéniosité française qu'à la justice de
Berlin.

Si j'ai insisté sur cette simple anecdote littéraire, c'est qu'elle a eu la fâcheuse fortune de
donner le change sur une mentalité qui est à l'op-

posite du sentiment de la justice et qu'elle permet
ainsi de mesurer toute la néfaste puissance d'une
opinion faussée.

IV

C'est la sophistication de l'opinion que nous
devons maintenant envisager plus directement
dans l'élaboration de la théorie que *la force prime
le droit* ou, — selon les formules plus récentes, —
que *la force* soit *crée le droit*, soit *prouve le droit*.
Cette dernière formule est la plus étonnante et la
plus subtile. Ne pouvant pas prouver que la force
fonde le droit, on cherche à prouver qu'elle se
confond avec le droit. Il n'est pas plus question
de *justifier la force* que de *fortifier la justice*, selon
le mot de Pascal, mais d'*identifier* l'une à l'autre.

Comment en est-on arrivé là? par une série de
raisonnements chaque fois en rapport avec les
nécessités ambiantes, et qui tous, au fond, pro-
cèdent de ce que j'appellerais un tour de passe-
passe. Insensiblement, tout doucement, on a

escamoté le mot de *Gewalt* (violence), pour y substituer les mots *Macht* ou *Kraft*, correspondant au *virtus* latin — *Staatskraft, Geisteskraft, Naturkræfte,* etc. [1]. Le tour était joué : la violence toute nue se couvrait d'un vêtement honnête, la philosophie était dupée, elle dont Bossuet disait qu'elle « suffit seule (sans les règles mêmes de l'Évangile) pour nous faire entendre que la force nous est donnée pour conserver notre bien, et non pas pour usurper celui d'autrui » [2].

J'indique d'une façon très sommaire les phases par lesquelles cette série de raisonnements a passé.

La première correspond à l'éveil du nationalisme allemand vers la fin du xviiie siècle, elle est mystico-religieuse. Elle prétend faire de l'âme allemande une *réalisation de la divinité* — et l'arme ainsi de la toute-puissance divine [3]. — Quelle présomption ! Quel orgueil fou !

---

(1) Sur les diverses acceptions du mot *force*, voyez, *infrà : L'idée de force.* — *La force du droit.*

(2) *Discours sur l'histoire universelle,* 3e partie, chap. vi.

(3) *Essai sur la formation de l'esprit public allemand,* p. 49 suiv.

La seconde *phase* est en rapport avec la prus-
sification de l'Allemagne — c'est le *fatalisme historique* et la *lutte darwinienne* pour la vie qui en
sont les caractéristiques essentielles — et c'est
Bismarck qui en devient le démonstrateur. *La
force crée le droit* parce qu'elle n'est autre chose
que la *mise en action ou la résultante des lois historiques et des lois naturelles. La fin donc justifie
les moyens.* Ce qui est, devait être — et par suite
ne saurait être contesté par personne [1].

Vient ensuite ce que j'appellerais la phase
scientifique et culturelle. La science allemande,
imbue d'elle-même, prétend renouveler le monde
en le faisant entrer dans une ère nouvelle. La civilisation gréco-latine, et après elle la civilisation
chrétienne, se sont trompées en cherchant le bien
en soi ou dans une religion révélée, par la vertu
et la douceur, par la charité ou par la foi. C'est
ailleurs qu'il faut le chercher. Le bien ne peut
naître que de son contraire, le mal. Ce sont les
forces dont la science dispose qui l'en feront sortir

---

(1) *Ibidem*, p. 91 suiv.

indirectement [1]. Ces forces sont étrangères à tout sentiment : la science est impersonnelle, elle est un mécanisme dont la volonté de puissance (force intérieure en relation avec les forces de la nature) est le moteur et dont le militarisme prussien est le type parfait [2].

Les peuples n'ont donc de droits que dans la mesure où ils représentent cette force — et en conséquence la *force prouve le droit.*

Quelle métaphysique abstraite et subtile, n'est-ce pas! et comme tout cela vérifie le mot de Mᵐᵉ de Staël : « Les Allemands se servent de raisonnements philosophiques pour expliquer ce qu'il y a de moins philosophique au monde, le respect pour la force ».

Sommes-nous pourtant au bout? Non encore,

---

(1) La théorie d'une telle force a été énoncée par Méphistophélès, dans le premier Faust, quand il a dit :

Je suis une partie de cette force.
Qui fait le bien en voulant faire le mal.
    « *Ein Theil von jener Kraft*
Die stets das Böse will und stets das Gute schafft ».

(2) *Essai*, p. 105 suiv.

puisqu'il reste un domaine important entre tous pour l'Allemand, le *domaine économique*. Là vont converger toutes les forces, matérielles ou militaristes, scientifiques ou intellectuelles [1]. Les mettre en œuvre constitue la *phase économique*, celle qui emporte l'esprit allemand jusqu'aux confins du monde pour le dominer ou le soumettre. Je cite quelques formules qui condensent la doctrine nouvelle [2] :

Celle-ci d'abord : « L'Empire n'est plus aujourd'hui un corps politique enfermé dans des limites territoriales ; il est une puissance vivante agissant dans l'Univers, partout où les intérêts économiques allemands étendent leurs tentacules ».

« Les *forces économiques* marchent de pair avec les forces militaires. Le *culte de la force* s'étend à elles. — L'intelligence et la volonté y rentrent ».

---

(1) La conjonction de ces forces dans le domaine économique vient d'être mise en admirable lumière dans le livre de M. Millioud, *La caste dominante allemande*.

(2) Mon *Essai*, p. 111 suiv.

V

Vous allez me demander comment il se fait que la pensée allemande ait été ballottée de la sorte au gré des événements extérieurs ; qu'elle n'ait pas, à l'instar des autres pays civilisés, conservé pour assise inébranlable le sentiment du vrai, du beau et du bien.

Ma réponse sera simple. Qui dit sentiment dit conscience. Or, ce qui a manqué par-dessus tout jusqu'ici à l'Allemagne, c'est une *conscience nationale.* Bien plus, cette conscience, aujourd'hui même, elle ne l'a que d'emprunt. C'est de la Prusse qu'elle lui est venue, c'est là seulement qu'elle réside.

Mon confrère Jullian a appelé l'Allemagne une nation qui a été mal élevée. Pour moi, c'est une nation *mal conformée,* quelque chose comme des frères siamois dont les organes auraient été ainsi disposés qu'un seul des frères (la Prusse) fût en possession du cœur et de la volonté directrice.

Il faudrait de longs développements pour vous
le faire comprendre. Quelques regards sur l'histoire me sont seuls permis.

Voici d'abord une des plus grosses erreurs qu'on
puisse commettre, c'est de croire que l'Empire
allemand qui a pris fin en 1806, après une
existence de plus de huit siècles, constituait une
nation. Pour rendre cette erreur sensible, rappe-
lez-vous ces vers célèbres de Victor Hugo où elle
est enclose :

Le pape et l'empereur, ce n'était plus deux hommes,
Pierre et César en eux accouplant les deux Romes,
Fécondant l'une et l'autre en un mystique hymen
Redonnant une forme, une âme au genre humain,
Faisant refondre en bloc peuples et pêle-mêle
Royaumes pour en faire une Europe nouvelle,
Et tous deux remettant au moule de leur main
Le bronze qui restait du vieux monde romain.

Victor Hugo se trompe. L'empereur n'a pas su
refondre en bloc les peuples allemands. Il n'y a
pas eu alliage, mais simple agglutinat de peuples,
plus exactement encore de tribus, qui ont gardé
chacune son individualité distincte, si bien qu'il

a fallu se rejeter sur les communautés de race, de tempérament ou d'intérêt pour trouver un lien commun. On peut dire que jusqu'au xix⁰ siècle, il n'y a pas plus de sentiment public allemand que de patriotisme allemand, ou que de nation allemande.

Et cela vous explique à la fois la persistance de mœurs grossières, primitives même, qui ne se sont pas fondues, épurées au feu d'une civilisation nationale, et l'influence alternative et indispensable des pays étrangers, l'Italie, la France, l'Angleterre, qui possédaient une telle civilisation, et enfin aussi le saut prodigieux en arrière que l'Allemagne est obligée de faire quand elle veut trouver un point d'attache à des traditions nationales. C'est dans Arminius, le fameux Herman, qu'elle est obligée de chercher son héros éponyme, c'est de la Germanie de Tacite qu'elle doit tirer ses titres de noblesse.

V.I

L'Allemagne n'a pas eu de civilisation propre au Moyen âge. Son empire naissant s'est trouvé sous la dépendance de l'Italie et de la papauté, et quand elle a voulu s'affranchir de cette dépendance au xie siècle, elle fut plongée dans une anarchie barbare dont seule l'action morale, artistique, littéraire de la France la sauva partiellement, pour deux siècles, le xiie et le xiiie, à l'époque précisément où notre civilisation jetait son plus vif éclat.

Quand notre influence cessa ou fut paralysée par la guerre de Cent ans, l'Allemagne se vit livrée à elle-même, à ses instincts de barbares mal dégrossis. Les deux siècles qui précèdent la Réforme, le xive et le xve, forment de la façon la plus évidente une période de recul de la civilisation, encore que des progrès matériels s'y accomplissent.

Qu'est-ce donc qui règne à ce moment-là? Quelle

est la force sociale qui domine? Qu'est-il advenu du sentiment de la justice et de l'honneur, que l'influence française s'était efforcé de faire naître, d'introduire, de développer?

A tout cela, une seule réponse. C'est le droit de la force, le droit du poing, le *Faustrecht* et la rapacité qui règnent en maîtres dans la société. Les nobles sont des *Raubritter*, des chevaliers brigands, les bourgeois n'ont d'autre idéal que le lucre et les jouissances matérielles, le bas peuple est tenu dans l'abjection du plus dur servage.

Un cardinal romain de la fin du xvᵉ siècle a dit des nobles : « Celui-là parmi eux a le plus de renom qui vole le plus », — et Froissart, au début de ce même siècle : « Ils n'ont ni pitié ni mercy, rudes et de gros engin si ce n'est à prendre leur profit, mais à ce, sont-ils assez experts et habiles ».

— Un électeur de Brandebourg se vante d'avoir incendié 170 villages après les avoir pillés. — De la bourgeoisie on a pu dire d'un mot que son âme est dans *sa bourse*.

Et voici deux jugements d'ensemble de deux hommes célèbres du xvᵉ siècle, Nicolas de Cusa, et Grégoire de Heimbourg : « La justice et la paix,

sont profondément ébranlées par le droit du plus
fort de piller et de dépouiller le faible. L'honneur s'est séparé du droit. — La force règne seule.
La loi n'est aucunement respectée ».

VII

Si j'ai appuyé sur l'état social de cette époque,
c'est que nous avons là, je n'en doute pas, une
des sources historiques du droit de la force d'aujourd'hui.

Le *Faustrecht* revit dans le militarisme prussien,
les officiers et les Juncker ont succédé aux chevaliers brigands. Comme eux, ils n'ont soif que
de domination despotique et de proie. D'autre
part, un réseau commercial analogue à celui de
la Hanse germanique s'est abattu sur le monde
entier, l'exploite, draine le commerce, l'industrie
et la richesse. Le matérialisme, le besoin de jouis-
sance, comme au xv⁰ siècle, va de pair avec le
prodigieux développement de la fortune. Paral-
lélisme étrange, mais qui a frappé les Allemands

eux-mêmes. Un des historiens les plus réputés de leur littérature écrivait dès 1885 : « Si vers 1800, la nation était par trop intellectualisée, voici qu'elle commence à devenir par trop matérielle et menace de se laisser dominer par ces instincts qui, au *xive et au xve siècle*, ont régi le monde allemand, non certes pour le plus grand bien de notre civilisation et de notre caractère » [1].

Il en va ainsi des savants même et des lettrés. Ils courbent le front devant l'autorité, devant la toute-puissance de la force militaire qui incarne le germanisme.

Et que font spécialement les juristes qui devraient veiller à la sauvegarde de la justice, préserver de toute atteinte sa notion la plus haute? Ils se mettent derrière les historiens et les philosophes, au service de la force, dominatrice et conquérante au dehors, à l'intérieur absolutiste et oppressive [2].

C'est précisément ce qu'avaient fait déjà leurs ancêtres du xve siècle, et ce qui leur avait valu

---

(1) W. Scherer, *Histoire de la littérature allemande* (1885).
(2) Voy. *infrà. La théorie scientifique du droit de la force.*

le stigmate proverbial : *Juristen, bœse Christen,* Juristes, mauvais chrétiens.

Ulrich de Hutten a porté sur eux ce jugement décisif : « Ils profanent de la façon la plus scandaleuse le droit, les lois, le juste, l'équitable et l'honnête : *jus, leges, fas, æquum et honestum libidinosissime profanantibus* ».

De même qu'aujourd'hui, le sentiment de la justice avait au xv⁰ siècle sombré dans le triomphe de l'injustice.

Mais, demanderez-vous, comment est-il possible que ce sentiment n'ait pas été ravivé par la renaissance religieuse du xvi⁰ siècle, et qu'il n'ait pas été entretenu depuis lors par la foi chrétienne? La question, en effet, doit être posée et elle appellerait à elle seule de longs développements.

Les prémisses ne sont pas douteuses. La charité est à la base du christianisme et elle est la source vive de la justice. La charité, a dit saint Paul, se réjouit de la vérité — elle est l'accomplissement de la loi.

Aussi le grand théoricien juridique de la Réforme, Mélanchton, comme plus tard le grand jurisconsulte catholique Domat, rapportent-ils

également à l'amour de Dieu et à l'amour des
hommes l'essence de la justice. Bien avant Pascal, Luther s'élevait contre le droit que la force
seule justifie, au lieu de fortifier la justice, et il
reprenait à son compte la belle maxime de Platon,
qu'il vaut mieux subir l'injustice que de la commettre.

Mais cette doctrine du grand réformateur fut
retournée contre elle-même. Quand Luther prêcha
l'harmonie, la justice, la tolérance mutuelle,
quand, dans ce but, il soutint, comme on l'a dit,
*les droits des peuples contre les princes et les droits
des princes contre les peuples*, les princes qui
étaient les maîtres, qui étaient les seuls forts, et
qui prirent, protestants et catholiques, les légistes
à leur gage, et qui proclamèrent par leur organe,
de par les lois impériales et romaines, que leur
volonté faisait loi, les princes ne virent dans la
religion qu'un instrument politique et ne retinrent
de la doctrine chrétienne que ce qui pouvait leur
servir : la soumission, la résignation, l'abdication
des faibles.

Le *Faustrecht*, le droit de la force, continua
donc à régner sous sa double figure, le seigneur

3

ou prince brigand, le *Raubritter*, et le juriste
apologiste de la force et l'exploitant à son profit.

L'Allemagne est sous la coupe de deux *cheva-
leries* indigènes : les chevaliers militaires, les
reîtres, et les chevaliers ès-lois, les juristes. Violence, ruse, rapacité sont égales dans les deux
ordres de ces singuliers chevaliers. Les uns et les
autres représentent le droit de la force, le *Faustrecht;* les uns le justifient en le pratiquant, les
autres le pratiquent en le justifiant.

« Les juristes qui nous dévorent, disait dans sa
Nef des fous l'Alsacien Sébastien Brant, font
un vrai métier de brigand; ils vivent de pillage
tout comme les reîtres. L'un pille en secret
et l'autre ouvertement; l'un s'expose au danger,
l'autre met toute son âme dans son encrier ».

En 1565 un prédicant dira des nobles : « Leur
justice n'est que violence, injustice et orgueil.
Mépriser tout le monde et *agir envers chacun selon
la loi du bon plaisir*, voilà leur unique Code ».

En 1598 des paysans reprochent aux gens de
loi « de *piller et ruiner les misérables contre tout
droit et toute justice* ».

Notre grand jurisconsulte français du xvi⁰ siècle,

Jean Bodin, flétrit cette monstrueuse association du reître et du légiste : « En Allemagne, dit-il, on fait grand cas du *droit des
reîtres*, qui n'est ny divin, ny humain, ny cano-
nique, ains c'est le plus fort qui veut qu'on fasse
ce qu'il commande ».

Ce prétendu droit, Bodin lui donne son vrai
nom, il l'appelle *le droit des voleurs*. « Le droit
du plus fort, déclare-t-il expressément, est le
droit des voleurs ». Puis il ajoute : « C'est mal
parlé de dire que le prince souverain a puissance
de voler le bien d'autrui et de mal faire, vu que
c'est plutôt impuissance, faiblesse et lâcheté de
cœur ».

Empereurs et princes étaient, tout comme
les juristes, de fort mauvais chrétiens, qu'ils
fussent catholiques ou protestants. C'était leur
ambition, leur intérêt qui les rangeait dans l'un
ou l'autre camp, et les Hohenzollern en ont fourni
des preuves étranges.

L'un d'eux, Albert de Brandebourg, est grand
maître de l'ordre teutonique. Le 8 avril 1525, il
dépose le manteau blanc et la croix noire de l'ordre, et se fait *luthérien*. Par conviction reli-

gieuse? non, pour pouvoir s'enrichir des dé-
pouilles de l'ordre dont il entraînera la sécular-
sation, pour pouvoir acquérir sans combat le
duché de Prusse, qui, en 1618, passera par
héritage à l'électeur de Brandebourg, Jean
Sigismond. Celui-là n'était pas luthérien, il
était *calviniste*, et pourquoi encore? parce qu'en
1613, ambitionnant l'héritage de la principauté
de Clèves, qu'il finit en effet par obtenir, il abjura
le catholicisme et embrassa le calvinisme, qui
était la religion dominante des populations qu'il
voulait annexer et de la Hollande, dont il lui
fallait l'alliance, tandis que son concurrent Wol-
fang-Guillaume se faisait lui catholique, en vue
d'obtenir le secours de l'Espagne.

VIII

De l'anarchie sociale dont le droit de la force
est, tout ensemble, l'expression et la source,
sortit — ai-je besoin de vous le rappeler — la
guerre de Trente ans, et celle-ci opéra un nouvel

et formidable recul de la civilisation en Allemagne, un déchaînement de misères et de despotisme, un affaissement moral et une torpeur des esprits que seule la France philosophique du xviiie siècle fut capable de secouer.

L'Allemagne pourtant avait eu l'heureuse fortune de voir naître chez elle, au xviie siècle, un grand génie philosophique, un des plus grands, le plus grand peut-être que le monde ait produit, génie, du reste, qui a été formé et s'est épanoui à l'école de la philosophie antique et sous l'influence de Descartes. J'ai nommé Leibniz. Mais l'Allemagne, pour son malheur, n'a pas su mettre à profit cette merveilleuse fortune. Elle l'a méconnue ou dilapidée. De même que Leibniz a vainement tenté, de son vivant, de provoquer dans son pays un véritable mouvement national, d'y faire naître un esprit public et de créer une unité féconde d'institutions communes, de même, après sa mort, sa pensée d'une si admirable puissance fut corrompue par des héritiers infidèles.

Leibniz est un foyer de lumière d'un prodigieux éclat, dont les rayons ont été réfractés et pervertis par des prismes néfastes. Les plus funestes

de ces déviateurs furent au xviiiᵉ siècle Herder,
et, au xixᵉ, Hegel, et les aberrations qu'ils ont
produites, le germanisme contemporain les a
réunies comme en un faisceau dans le culte de la
force, synonyme de la culture allemande. La
philosophie du succès, poussée à ses dernières
limites par les historiens prussiens du xixᵉ siècle,
a été tirée, déviée de cette proposition de
Leibniz : « Le présent est gros de l'avenir et
chargé du passé ».

Mais tandis que pour Leibniz c'était là la suite
de l'*harmonie préétablie* par Dieu, vers laquelle il
montrait tout l'Univers en marche progressive,
du plus infime animalcule jusqu'à l'homme,
pour Herder déjà c'est le résultat de forces fatales,
de telle sorte que l'histoire naturelle et l'histoire
humaine ne sont qu'une même histoire. Et voici
la conséquence logique. Le jeu de ces forces est
indépendant de toute notion de justice chez
l'homme. L'être humain, aussi bien que l'animal,
n'en est que l'instrument passif, ou le jouet
inerte, jusqu'au jour incertain où le bien pourra
sortir du mal, et la raison, la vérité, la bonté
même régner sur terre.

Pour Leibniz, au contraire, la justice fait corps, à tout instant, avec l'harmonie préétablie, car cette harmonie divine n'enlève pas à l'homme sa liberté morale, sa *spontanéité intelligente*. Qu'est-ce à dire? le voici. L'homme guidé par son intelligence, par sa conscience et par la religion, *sait* ce qui est conforme à l'ordre divin. S'il agit en conséquence, il aide à réaliser cet ordre divin et en est récompensé; s'il agit différemment, cet ordre ne s'en réalisera pas moins, à travers des alternatives de recul ou d'avance, mais l'auteur de l'acte hostile, de l'acte coupable, en subira le châtiment [1].

Je dirai d'un mot qu'entre Leibniz et les apologistes de la force inconsciente, auteur indifférent du bien et du mal, un abîme a été creusé, et que c'est surtout par le mouvement mystico-religieux du xviiie siècle, dans la période que l'on a appelée

---

(1) *Nouveaux essais sur l'entendement humain*, IV, 16 : « Quoi qu'il puisse arriver, tout tournera toujours pour le mieux en général au bout du compte. Mais cela ne pourra s'accomplir sans le châtiment de ceux qui ont contribué *même au bien* par leurs actions mauvaises ».

Sturm und Drang : période, en effet, de cataclysme,
période d'illuminisme insensé, dont le résultat
final devait être d'asservir la religion à l'État
d'abord, au *Deutschtum* divinisé ensuite.

Que peut-il rester alors du christianisme soit
catholique, soit protestant? Quel obstacle peut-il
opposer à la *force* triomphante qui prétend avoir
sa fin en soi — incarnée en une race qui doit
réaliser *Dieu* sur terre et extirper toutes les autres
races?

IX

Comment s'est faite l'unité de l'Allemagne,
vous le savez : par une lutte de la Prusse protestante se servant de la religion pour s'attacher
l'Allemagne du Nord et pour combattre l'Autriche
et l'Allemagne du Sud. Et le fameux *Kulturkampf*
de Bismarck n'a été que la continuation de cette
lutte en vue de subjuguer le catholicisme allemand. C'est donc le pouvoir temporel qui seul
était en cause et quand Bismarck eut fait la paix
avec le pouvoir spirituel, catholiques et protes-

tants s'unirent dans le culte du *Deutschtum*, ils communièrent en Arminius et en Hegel, en Moltke et en Bismarck. Leur religion, ce fut désormais la *Kultur*, dont le centre, le nerf, dont la *force vitale* est le *militarisme*, parce que c'est lui qui a créé, démontré le droit par les victoires de 1866 et de 1870, par Sadowa et par Sedan.

J'aurais voulu vous montrer à l'œuvre les artisans, les élaborateurs de cette doctrine, les Savigny, les Sybel, les Treitschke. Vous auriez vu à quel point il est vrai que tout se ramène à un jeu des forces naturelles, à un retour vers l'état de nature, à une régression vers l'animalité.

Est-ce donc là vraiment la justice! Si c'est cela, cessons de nous appeler humains et charitables, retournons dans les bois vivre avec les bêtes fauves. Nous serons alors comme les compagnons d'Ulysse, qui n'ont pas voulu redevenir hommes!

La liberté, les bois, suivre leur appétit,
    C'était leurs délices suprêmes;
Tous renonçaient au lôs des belles actions;
Ils croyaient s'affranchir, suivre leurs passions;
   Ils étaient esclaves d'eux-mêmes.

C'est, à n'en pas douter, vers cette animalité
que le *droit de la force* rétrograde. Qu'est-ce, en
effet, qui sépare l'homme de l'animal sinon la pos-
sibilité de s'élever sur les ailes de la foi aux
vérités éternelles dont la justice est la plus
haute?

Car la justice, puisque vous pourriez me repro-
cher de ne pas la définir, n'est sous un autre nom
que l'*harmonie*, de même que le droit est une
force qui sert à établir l'*équilibre* (équité) par
lequel cette harmonie se manifeste.

La force matérielle en est le contre-pied quand
elle rompt l'harmonie, elle en est le serviteur
quand elle la conserve ou y contribue.

Platon a prouvé que la justice pour l'individu
est l'harmonie de ses facultés physiques, intellectuelles et morales. La justice dans la société
humaine est de même l'harmonie entre tous les
éléments matériels et spirituels qui la composent :
la force et la faiblesse, la richesse et la pauvreté,
l'intelligence et la simplicité d'esprit, l'altruisme
et l'égotisme — harmonie qui aboutirait, si elle
était pleinement réalisée, à l'harmonie suprême,
l'*harmonie des âmes*.

Le peuple injuste est celui dont l'âme nationale sonne faux.

Une humanité juste serait celle dont toutes les âmes individuelles et collectives sonneraient à l'unisson avec l'âme divine.

Magnifique spectacle, qui, entrevu déjà par l'antiquité, arrachait à Aristote ce cri enthousiaste : « Ni l'étoile du matin, ni l'étoile du soir n'atteignent à la merveilleuse beauté de la justice parfaite ».

C'est pour s'acheminer vers cet idéal que nos soldats combattent avec tant d'héroïsme et de vaillance, eux dont notre pensée ne peut se détacher, dont ne peut se séparer notre cœur. Je ne doute pas qu'il en soit ainsi pour vous qui m'écoutez comme il en est pour moi qui vous parle.

Envoyons-leur donc du fond de l'âme notre salut, et ne doutons jamais de leur victoire.

Comment en douterions-nous? Ne serait-ce pas douter d'eux, douter de la France, douter de Dieu?

Aux Allemands qui font retentir l'air de leur cri de guerre : *Deutschland über alles*, nous répondons : au-dessus de la vérité allemande il y a la vérité, au-dessus du droit éphémère de la force il y a la force immuable du droit, au-dessus de l'Allemagne il y a l'humanité, au-dessus du Dieu allemand, Dieu de haine et de fourberie, de rapacité et de carnage, il y a *Dieu;* Dieu qui est vérité, justice et amour.

Voilà notre foi à nous, notre *volonté de puissance* à nous, notre *civilisation* à nous !

Voilà la source vive de nos énergies et de nos espérances, que dis-je ! la source de nos certitudes, certitude de la sainteté de notre cause et certitude dès lors de son triomphe !

Nous ferons nôtres ces beaux vers du plus grand poète de la Russie, Alexandre Pouchkine, fière réponse à l'odieuse doctrine du droit de la force :

Vous n'échapperez pas à la justice des hommes,
Car vous ne pouvez fuir la divine justice !

L'IDÉE DE FORCE

LA FORCE DU DROIT

I

Des confusions nombreuses entre les divers aspects de l'idée de force se sont produites chez tous les peuples. Ce sont elles qui, entretenues et développées par les Allemands, ont faussé les notions même de justice et de droit. Il importe donc de redresser celles-ci en dissipant celles-là.

La confusion fondamentale est en même temps la plus grossière. C'est celle qui domine en Allemagne. Elle consiste à n'entendre par *force* que la force physique ou matérielle, à la prévalence originaire de laquelle remontent étymologiquement, dans toutes les langues, les termes qui ont servi à désigner la force. Que ce soit là l'unique force, elle aura sa raison en elle-même. Son *usage*, quel qu'il soit, sera légitime : l'*abus* ne s'en conçoit pas.

L'antiquité avait connu cette confusion et réagi contre elle. Prenons l'exemple des Romains. *Virtus* et *fortitudo* désignent d'abord la force et le courage physiques et, chez un peuple guerrier, cette notion devait conserver une singulière faveur. Alors même que le terme de *virtus* désigna de préférence la force morale, celle-ci sembla subordonnée à la force ou à l'énergie physique.

Un passage du *De officiis* (I, 18-19) de Cicéron est ici d'un prix inestimable. Il paraît écrit d'hier pour condamner la théorie et la pratique allemande. Sous la qualification d'*animi elatio*, c'est la volonté de puissance qui s'y trouve réduite à sa juste valeur. Je n'hésite pas à en traduire les parties essentielles, avec cette double remarque préliminaire que pour Cicéron la justice a la bonne foi pour assise[1] et que la définition stoïcienne

_____

(1) « Le fondement de la justice est la bonne foi (*fides*), c'est-à-dire la sincérité dans les paroles et la fidélité aux enga-

de la *fortitudo*, qu'il rapporte, se rencontre avec la belle définition du *droit* que nous trouverons dans Leibniz.

Méditons ces paroles du grand écrivain latin :

« Notre passion pour la gloire militaire se révèle jusque dans l'appareil guerrier dont nos statues sont ornées.

» Mais cette énergie de la volonté (*animi elatio*) qui se montre dans les périls et les travaux est un vice quand la justice ne l'accompagne pas (*si justitia vacat*). Loin d'être une vertu, elle est une *barbarie* (*immanitas*) qui rejette tout sentiment humain.

» Ils ont donc bien défini la *fortitudo* les stoïciens, quand ils l'ont appelée une *puissance combattant pour l'équité* (*virtutem propugnantem pro æquitate*). Aussi nul de ceux qui ont acquis une réputation de force et de courage par les embûches et par la perfidie n'a été jugé digne d'éloge. *Rien ne peut être bien qui manque de justice.* Platon est admirable quand il dit : non seu-

---

gements (*dictorum conventorum que constantia et veritas*) ». (*De officiis*, I, 7).

lement la science sans la justice est subtilité et non sagesse, mais l'intrépidité dans les périls qui a pour mobile la cupidité, au lieu de l'utilité commune des hommes, ne mérite pas le nom de vaillance (*fortitudo*) mais celui d'audace.

» Au courage, à l'énergie il faut donc unir la bonté, la simplicité, l'amour du vrai, l'horreur de la perfidie : qualités inhérentes à l'idée si noble de la justice. Il est révoltant (*odiosum*) de voir que la volonté de puissance (*elatio et magnitudo animi*) engendre si facilement l'opiniâtreté et la fureur de dominer (*nimia cupiditas principatus*). Être le premier, disons mieux être le seul, tel est le but. Or, si vous voulez *vous élever au-dessus de tous*, il est bien difficile que vous respectiez cette équité, sans laquelle il n'est point de justice. Ceux-là sont vaillants et magnanimes qui combattent l'iniquité et non point ceux qui la commettent ».

Le point de vue s'élargira dans ces pensées de Pascal : « La justice sans force est contredite, parce qu'il y a toujours des méchants : la force sans la justice est accusée. Il faut donc mettre ensemble la justice et la force : et pour cela faire que ce qui est juste soit fort, et que ce qui est fort soit juste » [1].

« C'est être faux et tyrannique de dire : Il n'est pas fort, donc je ne l'estimerai pas... Je suis fort, donc on doit m'aimer » [2].

II

Pour placer en tout son jour l'indispensable association de la force matérielle et de la force morale et pour montrer que c'est la force morale qui finalement l'emporte, il faut considérer l'idée de force dans son principe puis analyser les divers éléments qui entrent dans son concept.

Nous pouvons, je crois, définir la force considérée en soi : « une puissance virtuelle ou agissante dans l'ordre matériel ou dans l'ordre spirituel ».

---

(1) *Pensées*, éd. E. Havet, I, p. 72.
(2) *Ibid.*, p. 72-73.

Or, si la justice est l'harmonie de s forces, la force matérielle ne peut être à elle seule la justice; la justice au contraire est la force par excellence.

Mais quels sont les principaux concepts que l'esprit s'est formé de la force, soit matérielle soit spirituelle? Leur valeur est inégale et l'ambiguïté y tient une large place.

On pourrait, ce me semble, les classer ainsi :

Forces matérielles.

Forces physiques de l'homme et des animaux.
Forces dites de la nature.

Forces spirituelles.

Forces du sentiment [1].
Forces de l'intelligence.

Forces mixtes.

Puissance publique. *Vis et potentia.*

---

[1] Cf. ce vers de V. Hugo :

La force la plus forte, c'est un cœur innocent.

Pour se guider au milieu de ces concepts, une distinction essentielle s'impose suivant qu'on considère la force dans ses effets, ou dans son principe (médiat ou immédiat).

Quand je dis la force de la pesanteur, ce n'est qu'une résultante que j'indique; le principe de la force est ailleurs.

De même la force du raisonnement ne peut dériver que d'un principe supérieur, d'ordre spirituel.

Au contraire, la force du corps et la force de l'âme ont leur siège l'une dans le corps, l'autre dans l'âme.

La puissance de l'État qui est tirée de ce double élément, — auquel s'ajoutent les ressources matérielles du pays, — n'est donc en réalité qu'une puissance d'emprunt.

Tel est aussi le caractère, à mes yeux, de la *force du droit*.

Le droit positif emprunte sa force à l'État et le droit dans son essence l'emprunte à l'esprit qui lui-même a sa source la plus haute dans la divinité.

III

Illustrons ces propositions par le témoignage de quelques grands penseurs.

Montaigne a défini, à merveille, la véritable force de l'homme, la force morale, et revendiqué sa supériorité sur la force matérielle ou physique, alors même que celle-ci l'emporterait :

« L'estimation et le prix d'un homme consiste au cœur et en la volonté : c'est là où gist son vray honneur. La vaillance, c'est la fermeté, non pas des jambes et des bras, mais du courage et de l'âme; elle ne consiste pas en la valeur de nostre cheval, ny de nos armes, mais en la nostre. Celuy qui tombe obstiné en son courage *si succiderit, de genu pugnat...* il est tué, non pas vaincu. Aussi y a il des pertes triumphantes à l'envi des victoires... et consiste l'honneur de la vertu à combattre, non à battre » [1].

---

(1) *Essais*, I, 20.

Ailleurs, Montaigne a directement percé à jour
le sophisme qui prétend déduire de la victoire
momentanée de la force la volonté de Dieu :

« Je treuve mauvais, ce que je veois en usage,
de chercher à fermir et appuyer nostre religion
par la prosperité de nos entreprinses... Somme,
il est malaysé de ramener les choses divines à
nostre balance, qu'elles n'y souffrent du deschet....
Et se mocquent ceux qui s'en veulent prevaloir
selon l'humaine raison : ils n'en donnent jamais
une touche qu'ils n'en reçoivent deux » [1].

Pascal a fait plus; il a mis dans toute sa
lumière la *force du droit*, dans un admirable
parallèle de la violence et de la vérité ou justice :

« Quand la force combat la force, la plus puissante détruit la moindre; mais la violence et la
vérité ne peuvent rien l'une sur l'autre. Qu'on ne
prétende pas de là néanmoins que les choses sont
égales; car il y a cette extrême différence que la
violence n'a qu'un cours borné par l'ordre de
Dieu qui en conduit les effets à la gloire de la

---

(1) *Essais*, I, 31.

vérité qu'elle attaque; au lieu que la vérité sub-
siste éternellement, et triomphe enfin de ses
ennemis, *parce qu'elle est éternelle et puissante
comme Dieu même* » [1].

Pour Rousseau également la véritable *force* est
la force morale, et c'est en ce sens qu'elle est
synonyme de *vertu*. Puis voyez en quels termes il
prévoit et condamne l'hégémonie qui prétend se
fonder sur la force :

« L'homme est très fort quand il se contente
d'être ce qu'il est; il est très faible quand il veut
s'élever *au-dessus de l'humanité*. N'allez donc pas
vous figurer qu'en étendant vos facultés vous
étendez vos forces; vous les diminuez au contraire, *si votre orgueil s'étend plus qu'elles* » [2].

---

(1) *Provinciales*, fin de la XIIe lettre.
(2) *Émile*, livre II.

IV

Qu'Ihering ait pu soutenir, comme nous le verrons[1], que c'est le droit qui a *créé* le sentiment du droit, il a fallu pour cela qu'il niât l'existence d'une force spirituelle évidente. Son erreur est d'autant plus étrange qu'elle dérive d'une totale méprise de l'état mental des premiers âges sur lesquels il a prétendu édifier sa thèse. Si haut que vous remontiez dans l'histoire de l'humanité vous trouvez, étroitement liée à la religion naissante, une conscience obscure de la force du droit[2].

En définitive, il y a une absolue méconnaissance de la nature humaine dans l'idée que la force matérielle ait jamais pu être la source d'une force spirituelle.

----

(1) Voyez *infrà*, 3e étude, p. 70.
(2) De là, par exemple, la valeur superstitieuse attachée au *premier coup*, qui constituait un jugement de Dieu rudimentaire.

Si, comme il apparaît de plus en plus par les progrès mêmes de la science, la seule réalité dans l'univers est l'*esprit*, si les forces physiques n'en sont qu'une dépendance et si la matière n'existe que par la conception que l'esprit en a à travers les sens, ni le sentiment du droit, ni le sentiment moral, ni le sentiment religieux n'ont pu *se créer* dans la société humaine. Ils se sont dégagés de leurs limbes à mesure que s'élevait et s'épurait l'esprit humain, à mesure que selon le mot du poète

... L'âme, remontant à sa grande origine,
Sent qu'elle est une part de l'essence divine.

Ce n'est donc pas de la création, c'est de l'épanouissement d'un sentiment qu'il s'agit, et cet épanouissement, il a dû s'accomplir sur une base psychique ou rationnelle dès ses premières manifestations. C'est cette base que représente le droit fruste des premiers hommes et qui se retrouve dans le droit perfectionné des peuples civilisés. Nul penseur n'en a eu une intuition plus claire que Leibniz, quand il a défini le droit en ces termes : « Le droit est une *puissance morale,* comme le devoir est une nécessité morale ». — « Est autem jus quædam *potentia moralis* et obligatio necessitas moralis ».

Voilà la vraie théorie de la force. Le droit est une force spirituelle mise au service du devoir, et cette force Pascal nous a montré qu'elle émane de la divinité.

LA DOCTRINE SCIENTIFIQUE

DU DROIT DE LA FORCE

I

Dans sa belle étude, *La caste dominante allemande*, M. Millioud a observé très justement
(p. 31) : « *Le droit du plus fort*, tel est peut-être
l'article le plus *populaire* du code pangermaniste ».
C'est à la fois l'histoire et la psychologie qui
rendent raison de ce phénomène : l'histoire,
puisque la théorie du droit de la force s'est faite
homme en Bismarck et ne se sépare plus de l'ado-
ration dont la mémoire du chancelier de fer est
l'objet; la psychologie parce que l'Allemand en
est resté à ce stade de civilisation où, devant la
force brutale, l'arrogance alterne avec la bas-

sesse. Je me souviens d'en avoir fait l'objection
jadis aux « intellectuels » qui préconisaient un
rapprochement de la France et de l'Allemagne.
Appliquez à l'Allemand, leur disais-je, le vieux
proverbe : « Oignez vilain, il vous poindra ;
poignez vilain, il vous oindra », et votre conduite
sera tracée. Toute avance pacifiste se retournera
contre vous comme une preuve de faiblesse et de
soumission. L'Allemagne ne respecte que les
forts ; elle écrase les faibles.

Ce sentiment la fait agir chez elle-même comme
au dehors. Il a plié la nation entière sous le joug
du militarisme prussien. La *peur du sabre* a
retourné le mot de Cicéron : *Cedant arma togæ.*
Toge de magistrat et toge d'universitaire se courbent et s'inclinent à l'envi sous le poing tendu.
Jurisconsultes et savants méconnaissent l'autre
précepte du grand orateur latin : « Ceux-là sont
braves et magnanimes qui combattent l'injustice
et non point ceux qui la commettent »[1].

De gardiens de la loi, les juristes sont devenus

---

(1) *De officiis*, 1, 19.

grands prêtres et serviteurs du culte de la force.
Parler d'une théorie scientifique du *droit de la
force*, c'est leur faire beaucoup d'honneur, mais
encore faut-il en parler afin d'éclairer l'opinion
trop aisément victime des sophismes qui se cou-
vrent de la science.

II

L'inanité scientifique du *droit* de la force, voici
bien longtemps que Jean-Jacques Rousseau l'a
prouvée, et sa démonstration demeure irréfu-
table : « Supposons un moment, dit-il, ce *prétendu droit*, je dis qu'il n'en résulte qu'un gali-
matias inexplicable; car sitôt que c'est la *force
qui fait le droit*, l'effet change avec la cause : toute
force qui surmonte la première succède à son
droit. Or qu'est-ce qu'un droit qui périt quand la
force cesse? s'il faut obéir par force, on n'a pas
besoin d'obéir par devoir; et si l'on n'est plus
forcé d'obéir, on n'y est plus obligé. On voit donc

que ce mot de *droit* n'ajoute rien à la force; il ne
signifie ici rien du tout » (1).

C'est l'évidence même; et pour y échapper, il a
fallu glisser insensiblement du rationnel au mystique, substituer à la raison et aussi à la conscience chrétienne une idolâtrie nouvelle, la divi-
nisation d'un État panthéistique.

Dans ce *processus* étrange, les jurisconsultes
tiennent une grande place. Chefs de file avec
Savigny et Puchta, ils adoptent ensuite et éla-
borent les doctrines de Hegel, puis finissent par
donner la main à Darwin et à Haeckel.

Voyons-les à l'œuvre.

J'ai raconté dans mon *Essai sur la formation de
l'esprit public allemand* comment l'école historique
allemande est sortie, sous l'impulsion du baron de

---

(1) *Contrat social*, I, 3. — Ailleurs, Rousseau a montré
que le règne du droit de la force se confond avec le despotisme et avec une régression vers l'état sauvage : « Les notions
du bien et les principes de la justice s'évanouissent derechef;
tout se ramène à un nouvel état de nature différent de celui
par lequel nous avons commencé, en ce qu'il est le fruit d'un
excès de corruption » (*Discours sur l'origine de l'inégalité
parmi les hommes*).

Stein, du mouvement nationaliste de 1812. Le
coryphée de cette école, celui dont le livre
Beruf unserer Zeit est devenu « le bréviaire de tous
les historiens prussiens », Savigny, a fourni l'élément vital de l'esprit nouveau par sa doctrine de
la conscience populaire (*gemeines Bewusstsein*).
Cette conscience, il suffit de la déterminer à
l'aide du passé; elle subsistera vivante dans
l'avenir, elle imposera sa loi au législateur, elle se
perpétuera comme la langue. Mais, notez-le,
Savigny et son école, qui voulaient réagir à la fois
contre un droit naturel utopique, et contre une codi-
fication arbitraire, ne disent pas que le peuple est
doué d'un sens intime lui permettant de discerner
les règles éternelles du juste et de l'injuste; ils
affirment que le peuple *engendre le droit* par la
coutume qu'il crée, que sa conscience est donc le
droit en soi. Or, ce droit ne peut être que relatif,
puisqu'il est inséparable de l'esprit national
(*Volksgeist*) et qu'il se développe parallèlement
aux mœurs et à la langue. Et l'on confond de la
sorte la formation historique d'un droit indigène
avec l'essence même du droit, pour aboutir finalement à un exclusivisme national aussi intolérant

et aussi absolu que celui des peuples antiques qui
ne reconnaissaient pas de droits à l'étranger.

III

D'autres principes se dégagent progressivement
de cette doctrine, la consolident et la renforcent :
l'omnipotence de la conscience populaire créatrice
du droit, sa force tout ensemble mystique et
évolutive, ce qui a permis à M. Pollock de qua-
lifier rétrospectivement Savigny « un darwiniste
avant Darwin », enfin le fatalisme historique : la
justice, n'étant qu'une résultante, le fait est érigé
en droit, identifié avec lui.

L'influence de la philosophie de Hegel — dont
Ahrens a pu dire qu'elle fut pour les jurisconsultes
allemands « le point culminant du développement
intellectuel depuis Descartes » — acheva l'œuvre.
Elle substitua à la conscience nationale (*Volksgeist* et *Volksbewusstsein*) l'absolutisme de l'esprit
mondial (*Weltgeist*). Cet esprit évolue par des

stades définis, au cours desquels se perd graduellement la liberté individuelle, chère à Kant, et
il finit par s'incarner dans l'*État* parfait, *terrestre-
divin*.

Les prescriptions de l'État divinisé éliminent
donc tous les principes juridiques ; elles constituent le seul droit ; si bien que très logiquement
le socialiste d'État Lassalle a fait table rase de
tous les *droits acquis*. L'*imperium*, la force, évince
l'équité. La volonté de l'État, souverain maître
des corps et des consciences, tient lieu de justice.
« L'État, a-t-on dit (V. Hartmann), n'est ni
moral ni immoral. Il est au-dessus de l'approbation et de la répréhension ».

Voilà pour le droit national. Quant au droit
international, il ne se conçoit même pas. Il ne peut
être qu'un état de fait que la force crée et rompt à
volonté. Bien plus, s'il n'y a qu'un seul État véritable (l'État allemand), un seul où la divinité se
réalise, toutes les autres législations sont des droits
bâtards, temporaires, provisoires, qui devront
disparaître devant la suprématie du *Vollkultur-
staat* allemand.

Les jurisconsultes allemands en sont arrivés

5

ainsi à détruire de fond en comble la base même
de la justice, aussi bien de la justice divine que de
l'équité humaine (*ars boni et aequi*); ils ont si bien
rétrogradé jusqu'à l'époque sauvage qu'ils ont
prétendu (Ihering) que le sentiment du juste et de
l'injuste, loin d'être inné à l'homme, n'est qu'un
produit lointain et artificiel du droit positif.
L'*égoïsme*, tel est le sentiment naturel à l'homme;
c'est par intérêt que la morale et le droit ont pris
naissance; ce n'est pas le *sentiment du droit* qui a
créé le droit, c'est le *droit* qui a créé le sentiment
du droit [1]. Et ce droit lui-même est le produit de
la victoire de l'État dans la lutte millénaire qu'il a
poursuivie contre l'individu, et où il a triomphé
comme *force organisée.*

De l'État seul dépend donc l'organisation de la
force qui constitue le droit. Lui seul est juge des
restrictions *volontaires* qu'il peut s'imposer dans

---

(1) Voyez un résumé de cette doctrine dans l'excellent
livre de L. Tanon, *L'évolution du droit et la conscience
sociale*, Paris, 1900, p. 44 et s. — Sur la fausseté de la doctrine, *suprà*, p. 59-60.

son propre intérêt, ou que lui imposent les lois de sa nature propre.

Tel est le « droit commun » nouveau de l'Allemagne. Comme vient de le dire excellemment M. Georges Rippert dans une remarquable étude [1] « tous, historiens et juristes, se rattachent éperdument à ce culte de la force et s'enivrent de cet étatisme triomphant ». Ainsi, ceux-là même qui avaient le dépôt sacré de ces grands principes de justice et d'équité que Rome avait puisés au fond même de la nature de l'homme (*ex intima hominis natura hauriendam esse juris disciplinam*), les ont immolés au dieu de la force incarné dans l'État.

IV

Il n'y aurait plus qu'à s'entendre, entre juristes allemands, sur les lois qui s'imposent à l'État de

---

(1) L'idée du droit en Allemagne et la guerre actuelle (*Revue internationale de l'enseignement supérieur*, 15 mai-15 juin 1915).

par sa nature propre. Ce n'est pas chose facile,
mais la superbe suppléera la connaissance. La
loi essentielle de l'État allemand est de s'agrandir,
de s'étendre jusqu'aux confins de la terre. Tout
doit y être subordonné, tout sera légitime de ce
point de vue. Le militarisme, en portant la force
à son suprême degré, sera l'instrument parfait de
la loi. Qu'importent les moyens? C'est l'histoire
qui rendra le verdict définitif. Le juriste Jellinek
n'a-t-il pas proclamé *géniale* la parole de Hegel :
« La naissance, la vie et la mort de l'État ne
relèvent que de l'histoire. A elle seule il appartient de les juger et *ses lois ne sont certainement
pas celles de la justice* ».

Voici le point précis où la doctrine juridique
donne la main à la doctrine sociologique et celle-
ci à la biologie.

L'État est un corps vivant : il obéit donc à la
loi universelle de la lutte pour la vie. Celle-ci
justifie tous les excès du militarisme, comme
toutes les violations des traités.

La lutte pour la vie n'est pourtant, dans le
domaine de l'histoire naturelle, qu'une pure
hypothèse qu'en dehors de l'Allemagne les parti-

sans même du transformisme sont loin d'admettre tous aujourd'hui, puisque beaucoup des découvertes et des observations récentes sont plus favorables à la doctrine lamarckienne de l'adaptation au milieu [1].

A plus forte raison est-il inadmissible qu'on transporte cette hypothèse dans le domaine social et qu'on en arrive ainsi, comme le veut Haeckel, à remplacer la liberté, l'égalité, la fraternité, par le déterminisme, l'inégalité et la sélection.

Les jurisconsultes ne sont pas plus heureux quand — tels Ihering ou Post — ils traitent l'homme primitif comme un pur animal et lui dénient tout instinct de justice. A supposer que cela fût — et les preuves sont innombrables qu'il n'en est rien [2] — que pourrait-on en conclure?

---

(1) A supposer que le *fait de l'évolution* soit définitivement acquis à la science, le *mécanisme de l'évolution* reste un problème ouvert, qui comporte des solutions très dissemblables. L'expérience a déjà prouvé que l'affinité ou l'attraction, la coopération et l'association jouent dans ce mécanisme un rôle au moins égal à celui de la lutte pour la vie.

(2) Cf. *suprà*, p. 59.

Qu'importerait, au fond, que l'homme n'eût acquis qu'au cours de longs siècles la notion exacte du juste et de l'injuste? La réalité à laquelle elle correspond n'en souffrirait aucunement. N'en est-il pas de même des vérités d'ordre intellectuel? De ce que la gravitation n'a été découverte qu'à une époque récente, en concluriez-vous qu'elle n'a pas existé avant sa découverte? Il ne saurait en aller autrement ni des vérités morales ou sociales ni des lois du raisonnement.

Nous en revenons ainsi à la démonstration péremptoire de Rousseau que le *droit de la force* est à la fois une absurdité logique et une impossibilité morale.

TABLE DES MATIÈRES

BAR-LE-DUC. — IMPRIMERIE CONTANT-LAGUERRE.